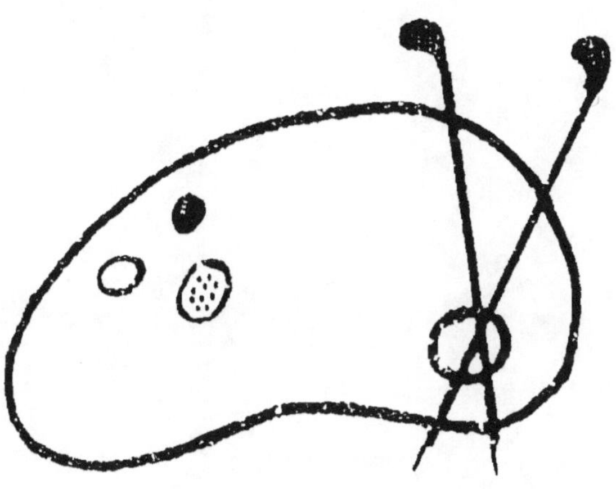

Couvertures supérieure et inférieure
en couleur

ANALYSE

DU

TESTAMENT POLITIQUE DE MANDRIN.

Ouvrage dans lequel cet homme extraordinaire a prédit & prouvé que le système de la Ferme-Générale finiroit par appauvrir & ruiner l'Etat & le Souverain.

DÉDIÉ AUX RÉPRÉSENTANS DE LA NATION, A L'ASSEMBLÉE DES ÉTATS-GÉNÉRAUX.

1789.

A MESSIEURS
LES DEPUTÉS
AUX
ÉTATS GÉNÉRAUX.

MESSIEURS,

LE Testament Politique de Mandrin a été imprimé peu de tems après que cet homme courageux fut immolé à la vengeance des Fermiers-Généraux, dont il étoit la terreur. Ses ennemis tout puissans arrêterent la circulation de cet ouvrage, qui démasquoit leurs manœuvres, & prouvoit les maux dont ils affligeoient la France. Le très-petit nombre d'exemplaires qui fut soustrait à la recherche des avides Fermiers, ne produisit qu'une sensation du moment. On ne vit, dans cette production, que des injures, peut-être quelques vérités contre les Traitans & le système de leur administration. Mais on ne se donna pas la peine d'approfondir les grandes vérités qu'elle contient, ni de suivre le fil de son raisonnement & la force de ses preuves. La France n'étoit pas alors, dans l'état d'affaissement, où elle se trouve aujourd'hui ; le mal n'étoit pas encore à son comble : on ne voyoit dans Mandrin qu'un homme dévoué à la mort ; & un Ecrit, qui paroissoit sous son nom, contre la Ferme-Générale, devoit naturellement être suspect.

Le hazard vient de me procurer un exemplaire de cet écrit entièrement oublié. La curiosité me l'a fait lire ; chaque page augmentoit mon intérêt, & me prouvoit que Mandrin avoit raiſon d'annoncer que le ſyſtême de la Ferme-Générale finiroit tôt ou tard, par ruiner le Roi, après avoir ruiné l'Etat.

Ce qu'il a prévu, n'eſt malheureuſement que trop arrivé. Depuis ſa mort, le prix de la Ferme-Générale a été augmenté à chaque Bail, tellement qu'aujourd'hui il eſt plus que doublé (1). De nouvelles Compagnies de Finance ont éte formées ſur le modèle des Fermes-Générales ; & à chaque renouvellement

(1) Dans le tems du ſupplice de Mandrin, le Bail de la Ferme-Générale étoit de cents millions. Il paſſe aujourd'hui deux cens millions, y compris les baux particuliers de la Régie-Générale & de l'Adminiſtration des Domaines, qui faiſoient alors partie de celui de la Ferme-Générale, & qui en ont été depuis démembrés.

de Bail, à la ſuite d'une longue paix, malgré l'augmentation exceſſive du prix, le Roi s'eſt trouvé plus obéré qu'auparavant. L'embarras eſt devenu ſi grand, que cette augmentation n'a pu ſuffire aux beſoins du Prince, qui s'eſt vu réduit à l'affreuſe néceſſité d'emprunter. Ce nouveau moyen, forcé peut-être par les circonſtances, loin de ſervir de remède au mal, n'a fait que l'aggraver, & accélérer la ruine de l'Etat & du Souverain. Les emprunts exceſſifs, qui paroiſſent ſeuls dans ce moment avoir obéré le Royaume, ne ſont que la cauſe ſeconde de l'état de détreſſe où ſe trouve la France. La premiere, la principale cauſe, c'eſt ſans contredit le ſyſtême ruineux de perception par Compagnies de Fermiers ou de Régiſſeurs.

Dans le moment, Meſſieurs, où

chargés des pouvoirs de toute la Nation, vous allez vous aſſembler ſous les yeux du Monarque, pour vous occuper avec lui du grand œuvre de notre régénération, j'ai cru qu'il ſeroit peut-être utile de vous offrir l'analyſe d'un Ouvrage, qui développe & démontre cette premiere cauſe de nos maux, que vos lumieres, & votre amour pour la Patrie vont faire ceſſer.

J'aurois pu décompoſer cet Ouvrage, l'adapter aux circonſtances actuelles, & m'en attribuer tout le mérite. Le nom de Mandrin, ſes talens, ſa valeur & ſon crime ſont preſque oubliés : ſon Ouvrage l'eſt entiérement. Il fut étouffé dans ſa naiſſance ; par ceux qui firent périr ſon auteur. Mais quel fruit me reviendroit-il d'augmenter le nombre des plagiaires ? & ne vaut-il pas mieux laiſſer à celui, qui fut la terreur des Fermiers-Généraux, la gloire d'un écrit, qui développe tous les maux qu'ils ont faits à la France.

Je me flatte, Meſſieurs, que dans cette analyſe importante rien n'échappera à votre pénétration ; & que vous délivrerez enfin le Royaume, d'une Compagnie qui en eſt le fléau, comme elle en a été la ruine. C'eſt dans cette confiance que je vous ſupplie d'agréer l'hommage de ma production, ainſi que celui du profond reſpect, avec lequel je ſuis,

MESSIEURS,

Votre très-humble & très-obéiſſant ſerviteur,

J. E. B. D. AVOCAT.

ANALYSE

DU

TESTAMENT POLITIQUE DE MANDRIN.

ON pourroit faire passer Mandrin pour un héros. Son courage, ses exploits étonnèrent le Public, & l'en firent en quelque sorte admirer. On se prévient toujours pour un particulier, qui franchissant les bornes d'un rang obscur, fait beaucoup de bruit dans le monde. De cette prévention à l'héroïsme il n'y a presque point d'intervalle.

Je pourrois comparer Mandrin à Aléxandre, à César, & à tous les perturbateurs de l'univers. Dans le fonds, si la cause des troubles qu'ils exciterent, fut différente, les effets furent les mêmes. D'eux à Mandrin la seule différence est dans l'importance de l'objet.

Mon héros, sous certains points de vue, étoit même supérieur à ces Mandrins de l'antiquité. Ceux-ci, en troublant le monde, se virent toujours les premiers. Leur ambition rapportoit tout à eux-mêmes; au lieu que dans les révolutions excitées par Mandrin, il envisagea le bien du Public.

Il empêcha que les richesses de plusieurs Provinces ne s'écoulassent avec cette précipation, qui fit toujours leur malheur. Il retint, par le bas prix des matieres nécessaires, une plus grande partie de l'argent dans plusieurs pays, où sa privation jusqu'alors avoit causé la ruine. Il déchargea le peuple d'une partie des Impôts, dont le poids l'accabloit, &c.

Mais c'est en vain qu'on voudroit lui donner le titre pompeux de protecteur du peuple. Il y a une équité naturelle, qui prévaut toujours ſur l'enthouſiaſme, qu'excitent les actions hardies. Toute vertu ceſſe, là où la ſubordination finit par l'infraction des loix. Il n'appartient point à un particulier, quelque ſoit ſon prétexte, de jouer le rôle de réformateur.

La premiere vertu d'un ſujet eſt celle de l'obéiſſance aux loix. Mandrin viola des loix, dures à la vérité, ſanguinaires, extorquées aux beſoins du Souverain par une compagnie de traitars avide & barbare, qui, ſous le nom du Monarque, exerce ſur le peuple le monopole le plus tyrannique. Mais ces loix exiſtoient : elles infligeoient la peine de mort. Mandrin fut donc coupable : il mérita la mort : mais il l'attendit avec réſignation ; & il ſouffrit ſon ſupplice avec le courage & la fermeté, qu'on avoit remarqué dans toutes les actions de ſa vie.

Cependant ſa priſon & ſa mort formerent une époque remarquable pour la France. Il intéreſſa dans ſon malheur ; il attendrit presque ceux dont il étoit auparavant la terreur.

Quel étoit donc ce criminel, dont toute la France parla, que tout le monde plaignit, que beaucoup regrettèrent, dont une infinité de gens auroient voulu racheter la vie de leur propre sang? C'est un mystère que la politique de l'administration auroit dû percer, qu'on ne voulut pas néanmoins, ou peut-être qu'on ne put pas découvrir, parce que sans doute la somme de nos maux n'étoit pas encore assez forte, pour chercher à en pénétrer la cause.

Le moment étoit fait cependant pour ouvrir les yeux. Le Royaume venoit d'essuyer une grande crise. Quelques circonstances auroient suffi, pour renverser la plus belle de toutes les Monarchies : une guerre étrangere, dans cet instant critique, & la France étoit perdue. Mandrin avoit deux cent mille hommes sous ses ordres. Le second état de presque toutes les Provinces du midi, ce qu'on appelle les honnêtes gens, n'attendoit qu'une occasion favorable de ſe déclarer. L'exemple des uns eût entraîné les autres ; & la révolution devenoit alors générale. Quand le peuple commence une fois d'aller, il ne ſait jamais lui-même où il ira. Le plus grand malheur d'un état, c'eſt lorſqu'une fois il a levé le maſque ; car ſon crime alors eſt lui-même l'aliment de ſon audace. Les plus fameuſes révolutions, qui ont mis tout à feu & à ſang dans les plus puiſſans Empires du monde, ont toujours commencé par des étincelles.

On dira que nous ne ſommes plus dans ces ſiècles orageux, où les Gouvernemens avoient tout à craindre de la part d'une populace effrénée. Mais l'Europe n'en a-t-elle pas offert pluſieurs exemples dans ce ſiecle ? La France ne vient-elle pas de voir ſes citoyens prêts à s'égorger ? Et Mandrin lui-même, ce ſimple chef de contrebandiers, n'eſt-il pas une preuve que la force des plus grands Monarques eſt ſouvent impuiſſante contre les plus petites émeutes des peuples ?

La France avoit alors plus de cent cinquante mille hommes de troupes réglées ſur pied : elle pouvoit, comme elle peut encore, dans une bataille rangée, accabler la plus formidable Puiſſance. A-t-elle jamais pu réduire Mandrin ? N'a-t-il pas toujours eu l'avantage ſur elle, dans les combats généraux & dans les combats particuliers ? S'il fût pris, ce ne fut pas de bonne guerre. Il réduiſit le Gouvernement à la honte d'uſer avec lui de ſtratagême, & de violer ſon aſyle ſur les terres d'un Prince étranger, à qui la France fut obligée de faire des excuſes. Sans une trahiſon, Mandrin auroit été long-temps encore à la tête de ſon armée, l'effroi de cinq ou ſix Provinces.

Il ne faut point avoir recours à la vertu des taliſmans, pour expliquer ce qui peut paroître un phénomene. Les cauſes en ſont très-naturelles.

Maxime générale : les troupes réglées ont toujours une ſorte de répugnance de ſe battre contre ce qu'elles appellent des bandits. Elles rempliſſent mieux leur devoir contre les ennemis militaires de l'Etat. Il y a des loix plus douces dans les batailles réglées. En y cédant à la force, on n'eſt fait, de part & d'autre, que prisonniers de guerre; au lieu que dans les combats contre des sujets révoltés, les actions sont plus meurtrieres : ceux-ci savent que s'ils sont pris dans le combat, ils vont terminer leur vie sur un échaffaud : cette perspective affreuse, en les rendant furieux, leur donne toujours l'avantage sur les Troupes réglées.

Mais le François est patriote : il aime son Roi & l'Etat. Si toutes les nations lui donnent le titre de léger & d'inconstant, personne ne lui refuse celui de bon & de sincère. En général le peuple en France n'est point sanguinaire; il voit avec horreur le carnage & la cruauté. Comment se fait-il que dans les troubles de Mandrin, on se soit égorgé avec une fureur, qui tenoit de la guerre de religion? Comment se fait-il que derniérement le peuple d'une Province méridionale se soit porté, dans l'excès de la fermentation, à des meurtres, qui tiennent de la barbarie la plus féroce? Ce renversement de la nature, selon Mandrin, n'est pas difficile à expliquer : c'est, dit-il, qu'il s'est glissé un vice dans le Gouvernement François, qui a irrité l'esprit de ce peuple, & l'a fait sortir de son caractere. Ce vice est le systême des Fermes. Voyons comment Mandrin prouve cette vérité, & transcrivons ses propres paroles.

Les Rois, dit-il, ne sont responsables qu'à Dieu seul, de l'administration de leurs revenus (1). Cependant comme c'est de

---

(1) Sous le régne du successeur de Louis XIV, il étoit défendu de parler, & de penser différemment; & Mandrin, sous le glaive de la justice, ne pouvoit-pas tenir un autre langage. Mais Louis le Bienfaisant, le restaurateur des droits de la Nation, permet de penser & de dire tout haut, que le Monarque de la France est le Chef de la Nation Françoise, & n'en est pas le despote; que les revenus, produit des subsides & des impositions, ne sont pas les reveuus du Roi, mais ceux de l'Etat, dont le Roi n'est que le suprême administrateur. Le Souverain, qui a reconnu qu'il n'a pas le pouvoir d'imposer la Nation, & par conséquent sans justifier à la Nation de la nécessité & de l'emploi de l'imposition, regarderoit comme un vil flatteur, comme un mauvais patriote, indigne du nom François, celui qui oseroit lui dire

cette partie du Gouvernement que dépendent la richesse du peuple, la puissance de la Monarchie, la sûreté du Prince & le repos des sujets ; les Souverains ne sauroient trop prendre de précautions, pour qu'elle s'accorde avec le génie de la Nation, qui, en général, se trouve moulé sur la constitution premiere du Gouvernement.

Je puis dire, ajoute Mandrin, que j'ai le secret de l'Etat dans cette partie : tous ceux qui se déchaînent contre les Fermes Royales, n'alléguent contre elles que des préjugés généraux : pour moi, j'ai des faits à citer.

Une foule de sujets de tous les ordres de l'Etat s'est adressée à moi en différens tems, en différens lieux, soit par des lettres circulaires, soit par des députations, pour combiner ensemble les moyens de se-

---

aujourd'hui, *qu'il n'est responsable qu'à Dieu seul de l'administration de ses revenus*, c'est-à-dire de l'argent que la Nation lui paye.

couer le joug de ce qu'ils appelloient la tyrannie des Fermiers.

Ceux qui m'ont connu, savent que j'ai exercé mon emploi de Généralissime, plus en politique, qu'en vil partisan : j'ai cherché la cause de cette grande affluence de peuple, qui venoit chaque jour s'enrôler sous mes drapeaux ; & en remontant à sa premiere source, j'ai découvert qu'elle prenoit elle-même son origine dans le systéme des Fermes, qui a renversé en France tous les principes du Gouverment économique, politique & civil.

Depuis plus d'un siecle, une espece de maladie a attaqué le ministere François. La fureur des baux a prévalu sur tous les autres systêmes de l'administration. Tout est Ferme aujourd'hui en France ; tout est Contrat : bientôt il ne sera permis au peuple, de respirer que par entreprise (1).

---

(1) Combien de nouvelles entreprises, depuis la mort de Mandrin, où, sous le nom du Roi, des Compagnies accréditées exercent par privilgé le

Quelques politiques ſe ſont fortement perſuadés que les Fermes Royales avoient augmenté les richeſſes de la Couronne.

Du tems de Louis XIII, diſent-ils, les revenus du Roi, dans la partie relative aux Fermes actuelles, n'étoient que de vingt millions ; & aujourd'hui les Fermiers les ont fait monter à cent millions (1).

Tout le monde doit comprendre ce langage : il ſignifie que les traitans ont porté les Rois, qui ont ſuccédé à Louis XIII, à créer des impôts, qui n'étoient pas éta-

---

monopole ! On ne finiroit pas, ſi l'on vouloit en faire l'énumération. Si le mal n'étoit devenu extrême, on auroit peut-être vu quelque jour des entrepreneurs privilégiés pour fabriquer & vendre ſeuls des *alumettes*.

(1) Nous avons déjà obſervé que depuis la mort de Mandrin, les objets, alors compris dans le Bail-Général de la Ferme, étoient portés aujourd'hui à plus de 200 millions. Ainſi dans l'eſpace de beaucoup moins d'un demi ſiécle, les baux ont plus que doublé, c'eſt-à-dire, qu'on a doublé la charge du Peuple !

blis ſous le regne de ce Prince. Or, le Souverain n'a pas beſoin des traitans pour créer des impôts. Il ſeroit même à ſouhaiter, pour les ſujets, qu'il ne s'en ſervît jamais : par-là le peuple ſeroit toujours ſoulagé d'un tiers au moins de la taxe ; car ſi un contrat particulier des Fermes Royales, par exemple, eſt de quarante millions, il eſt certain que, par le ſyſtême des traitans, l'impôt eſt toujours de ſoixante effectifs, & même plus, ſur le peuple. Il faut néceſſairement à la fin, que cette maniere d'adminiſtration bouleverſe l'Etat, parce qu'elle jette toutes les richeſſes d'un côté.

Suppoſons une Monarchie naiſſante ſur la terre, compoſée de vingt à vingt-quatre millions d'habitans, qui eût de neuf cent millions à un milliard d'eſpece, & que les revenus du Roi ou de l'Etat fuſſent de quatre à cinq cent millions. Qu'on établiſſe dans cet état naiſſant, des Fermes Royales, d'une partie de ce revenu, à concurrence de deux cent & quelques millions. Voici le mouvement que ces Fermes donneront aux finances. Les Fermiers retireront l'argent du peuple, & l'enverront au Prince, qui, à son tour, le renverra au peuple. Mais comme, outre cette opération générale, les Fermiers en feront une particuliere, qui sera de détourner une partie des richesses à leur profit, & que celles-ci ne rentreront plus dans la masse commune, il arrivera insensiblement, que les traitans auront à la fin, tout l'argent du Royaume, & que le Roi & le peuple n'en auront point.

Pour reconnoître le vuide de tous les raisonnemens, qui ont été faits en faveur du systême des Fermes générales, il suffit d'établir un seul point fondamental.

Toute la gestion du Fermier est fondée sur la richesse générale de l'Etat : il peut bien donner un mouvement plus ou moins rapide aux finances; mais il ne sauroit les augmenter : car il n'est point en son pouvoir de mettre, dans l'Etat, une richesse qui n'y existe point, & qu'il n'a pas lui-même.

Quelque soit le prix du bail des Fermes, cela est indifférent au Fermier : ce n'est pas lui qui en fait les fonds ; ce ſont les peuples.

Le contractant n'a d'autre caiſſe, que celle des deniers du peuple : il n'a d'autre moyen pour payer le Roi, que celui des propres finances de l'Etat.

Les revenus de l'Etat pourroient être perçus d'une maniere plus ſimple. Pourquoi faire un métier de ce qui n'en doit pas être un ?

Plus de trois trois cent mille ſujets pourroient être employés d'une maniere plus avantageuſe à l'Etat. Il eſt certain d'ailleurs qu'il y auroit plus de probité en France, ſi l'on aboliſſoit une profeſſion qui fait que tant d'honnêtes gens deviennent des frippons.

Tel eſt en gros, ſuivant Mandrin, l'inconvénient des Fermes. Il n'en connoît point les avantages : mais il croit que ceux de la régie ſont ſans nombre (1). Il cite,

(1) Il ne faudroit pas que les Régiſſeurs ſuiviſſent, pour la perception de la recette, qui leur ſeroit confiée, le même régime que ſuivent les Fer-

à ce ſujet, le paſſage ſuivant du célebre politique François, M. de Moteſquieu.

« La Régie, dit ce ſavant auteur, eſt » l'adminiſtration d'un bon pere de famille, » qui leve avec ordre ſes revenus. Par la » Régie, le Prince eſt le maître de lever, » ou de retarder la levée des Tributs, ou » ſuivant ſes beſoins, ou ſuivant ceux du » peuple. Par la Régie, il épargne à l'Etat » les profits immenſes des Fermiers, qui » l'appauvriſſent d'une infinité de manieres. » Par la Régie, il épargne au peuple le » ſpectacle des fortunes ſubites qui l'affli- » gent. Par la Régie, l'argent levé paſſe » par peu de mains ; il va directement au » Prince ; & par conſéquent revient plus » promptement au peuple. Par la Régie, le » Prince épargne une infinité de loix, » qu'exige toujours de lui l'avarice des » Fermiers, qui montrent un avantage

miers-Généraux ; car alors les inconvéniens ſeroient les mêmes ; il n'y auroit que le nom de *Fermier* changé en celui de *Régiſſeur*. Cet objet ſera diſcuté à la fin de cette Analyſe.

» présent pour des Réglemens funestes pour » l'avenir. »

M. de Montesquieu auroit pu ajouter, suivant le testament politique de Mandrin, que les Fermes donnent de l'autorité à certaines gens, qui, vu la nature du Gouvernement Monarchique de la France, ne devroient point en avoir.

Il s'établit des Tribunaux contraires à sa constitution. La Justice est exercée par des Officiers, à la solde des Fermiers Généraux, & qui sont eux-mêmes Juges & Parties. Par les Fermes, la Majesté du Trône est avilie ; & il n'y a plus de proportion de la Puissance du Souverain, à celle des Sujets. Il faut nécessairement à la fin, que les Maltôtiers deviennent les maîtres de l'Etat. La majeure partie des richesses passe insensiblement dans leurs mains ; & le Prince, dans ses besoins, est obligé de recevoir la loi de ceux qui l'ont ruiné, en dépouillant son peuple.

Quel spectacle humiliant pour la France, lorsqu'on a vu Louis XV, dans le cours de ses Guerres, être forcé d'avoir recours à ces financiers, & les prier, pour ainsi-dire, de lui fournir les moyens de s'opposer aux desseins de ses ennemis ; tandis que d'un autre côté, ces hommes durs & intraitables, avoient l'orgueil de traiter d'égal à égal avec leur Souverain, & choisissoient ces tems de calamité, pour exiger de lui des loix onéreuses à ses peuples ?

Par les Fermes, la maniere de percevoir les revenus de l'Etat, devient une profession particuliere. Il n'y a qu'une classe d'hommes, qui ait la clef des droits du Prince. Les places de Maltôtiers sont devenues héréditaires ; & le métier de Financier est devenu un art de famille (1).

Par les Fermes, le Roi & ses Ministres finissent par n'avoir presque plus aucune

---

(1) Que diroit-on d'une famille de Traitans, qui avoit l'art particulier & bien précieux pour la Ferme, d'étendre les impôts, c'est-à-dire, de les faire payer sur des objets, qui ne les devoient pas ? Aussi ces hommes, nés avec le vrai génie de la maltôte, ont mérité dans leur Compagnie le surnom glorieux *d'Extendeurs*.

idée du détail des revenus de la Couronne abandonnés aux Fermiers ; parce que ceux-ci ont eu l'art d'embrouiller la perception, par les formes les plus compliquées, afin d'en dérober la connoiſſance à tous ceux qui n'ont pas, par une longue expérience, le fil de ce dédale. Alors on a beau découvrir que les Fermiers ſont des malhonnêtes gens ; on eſt obligé de fermer les yeux ſur leurs malverſations, parce qu'on n'en a pas le remede, parce qu'ils ſont riches, & qu'on a beſoin de leurs richeſſes, parce qu'ils ont prêté des ſommes effrayantes, & qu'on ne peut pas les leur rendre. C'eſt le cas, où, depuis long-temps, ſe trouve la France. C'eſt ce qui a cauſé, dans le principe, & dans la ſuite accéléré ſa ruine.

Parcourons à préſent les branches particulieres de ce déſordre.

Les Fermes Royales, ſur le pied de leur régie actuelle, par les trois compagnies qui les exploitent (1), occupent au-

(1) La Ferme générale, la Régie générale,

delà de trois cent mille hommes, Commis, Gardes, Employés, Buraliſtes, &c. (1). Ces nouvelles profeſſions ont été formées pour la très-majeure partie de la claſſe des laboureurs ; ce qui a occaſionné un vuide immenſe dans l'agriculture. Une grande portion du Royaume eſt demeurée en friche. La plupart des terres, qui, du temps de Charles IX, d'Henry III, produiſoient une valeur à l'Etat, n'en donnent aucune actellement. Beaucoup ſont retournées en communes. Ce royaume fourniſſoit autrefois la ſubſtance à ſes voiſins : aujourd'hui il tire d'eux une partie de la ſienne (2).

& l'Adminiſtration générale des Domaines.

(1) Ce n'eſt pas tout : les Directeurs, les Sous-Directeurs, les Chefs, les Sous-Chefs, les Receveurs, les Contrôleurs, les Inſpecteurs, &c. &c.

(2) Les grains ont manqué ſur la fin du règne de Louis XV. Il fallut en faire venir des pays étrangers. Ils manquent actuellement dans beaucoup de Provinces ; & ſi la récolte de cette année étoit très-mauvaiſe, comme il y avoit lieu de le craindre à la ſuite de l'hiver rigoureux que nous

C'eſt au contrat des Fermes, qu'il faut attribuer la véritable cauſe de la décadence de la France. Sans cette maniere d'adminiſtration, ce ſeroit aujourd'hui le Royaume le plus floriſſant de l'Europe. Les véritables richeſſes d'une nation, ne peuvent venir que de la terre : toutes les autres ſont chimériques ou précaires. L'agriculture produit ſeule dans l'Etat, une valeur qui n'exiſtoit pas.

Si le ſyſtéme des Fermes avoit été établi en Angleterre, ce Royaume ne ſeroit jamais parvenu à l'état de grandeur & d'opulence, qui l'a mis, depuis la fin du dernier ſiecle, au rang des premieres Puiſſances de l'Europe. C'eſt à la régie ſimple & peu diſpendieuſe, qu'elle doit ſa richeſſe, & par conſéquent ſa prépondérance. Cette nation, adminiſtrée comme la France, eût

---

venons d'eſſuyer, la France ſeroit à la veille d'éprouver la famine la plus affreuſe dont l'Hiſtoire faſſe mention.

perdu un capital, en fonds de terres de plusieurs milliars, dont son agriculture lui paye tous les ans le revenu. Elle ne formeroit dans l'Europe qu'une Puissance d'un ordre inférieur, si par des Fermes royales, le nombre des Employés eût été augmenté dans la méme proportion qu'en France. La recette des droits en Angleterre, occupe peu de sujets. Les revenus de l'Etat ne sont pas devenus l'affaire particuliere d'une Compagnie. On n'a point fait un systéme de la levée des deniers publics. Le contrat n'a point diminué le nombre des professions de premier besoin. L'agriculture, le commerce & les arts, ne s'en sont point ressentis. L'industrie de chaque particulier, se rapporte au bien de l'Etat. Toute la somme du travail des sujets, est relative à la République.

La direction générale de l'emploi des sujets, est le chef-d'œuvre de la politique du ministere : c'est de cette combinaison, bien ou mal entendue, que dépend toujours la puissance ou la foiblesse des Etats.

Cette direction peut seule expliquer comment un Royaume, tel que l'Angleterre, dont le sol & la population ne forment que la moitié de l'étendue territoriale & de la population de la France, est devenu pour le moins aussi riche que la France.

Les partisans des Fermes Générales disent sans cesse, que la Ferme donne à vivre à trois cent mille sujets, qui, sans cette ressource, seroient embarrassés de leur subsistance.

C'est précisément cette ressource, qui ruine la France, en diminuant continuellement ses richesses naturelles.

Il est clair que d'un Laboureur à un Employé, c'est-à-dire, d'un sujet qui crée tous les ans, dans l'Etat, une valeur au moins de quatre cent livres, avec celui qui la consume (1); d'un homme qui entretient

(1) Le plus petit Employé des Fermes coûte certainement à l'Etat plus de 400 liv. Ainsi en les calculant tous, même les Directeurs, dont le traitement excède 20,000 liv. sur le pied commun de 400 liv.; on ne pourra pas dire que le calcul est exagéré.

à un autre qui eſt entretenu ; il y a une différence, entre ces deux ſujets, d'une valeur de huit cent livres au déſavantage de l'Etat ; ce qui, multiplié par trois cent mille, fait, toutes les années, une perte réelle de deux cent quarante millions pour la Monarchie (1).

Depuis la création des Fermes, la France a perdu une valeur immenſe, que lui auroit produit ſon agriculture, outre un capital de richeſſes, en fonds de terres défrichées, de vingt milliars peut-être, qui

---

(1) Avec ces deux cent quarante millions, quand même on ne feroit aucune réduction dans les dépenſes, le déficit annuel feroit couvert & bien au-delà. Le ſurplus feroit verſé dans une caiſſe d'amortiſſement, au moyen de laquelle le capitale de la dette nationale diſparoîtroit bientôt; ſur-tout ſi l'on y ajoutoit toutes les années l'intérêt des capitaux amortis, & le fonds des rentes viagères éteintes. Au bout de très-peu d'années, on pourroit délivrer le Peuple du fardeau des impoſitions qu'il paye pour l'acquittement de l'intérêt de la dette publique.

produiroit annuellement au moins neuf cent millions ; valeur d'autant plus réelle, qu'échangée contre l'induſtrie & l'or des autres nations, elle donneroit à l'Etat une richeſſe effective ; au lieu que la ſomme du produit des Fermes, étant priſe uniquement dans les richeſſes de la nation, n'en augmente point la maſſe, qu'elle diminue au contraire.

La plupart des hommes en France, ont perdu la trace de leurs premieres profeſſions. Toutes les claſſes ſe ſont remplies inſenſiblement les unes ſur les autres. Celle des laboureurs ſur-tout a diminué dans la proportion que les emplois des Fermes ont augmenté. Les branches des ſujets, qui ont quitté les profeſſions de premier beſoin, pour embraſſer celles qui ne produiſoient rien à l'Etat, ſe ſont accrues. Cependant ces nouvelles claſſes ont dû ſubſiſter ſur la ſomme du travail de ceux qui ont reſté à la campagne ; & cette ſomme n'étant pas ſuffiſante, il a fallu avoir recours à l'agriculture des autres Etats, ce qui a dépouillé la France de ſes richeſſes.

On

On eſt ſuppris de cette foule de contrebandiers dont la France eſt remplie. Mais ne voit-on pas que ce ſont les Fermes elles-mêmes qui en ſont la cauſe. La partie des des ſujets qui a été retirée de la campagne, pour ſervir dans les emplois ſubalternes de la Ferme, a formé une grande branche de gens oiſifs. Un Commis qui a eu dix enfans, n'a pu les faire tous Commis, comme lui. Qu'à donc dû devenir cette foule de gens ſans profeſſion? Elle a formé la majeure partie de ces troupes conſidérables de contrebandiers.

Mandrin déclare avoir remarqué que le plus grand nombre de ceux qui prenoient parti dans ſes troupes, étoient des deſcendans de laboureurs, dont les emplois des Fermes avoient retiré les ancêtres de la campagne, & qui ſe trouvoient ſans aucun talent. Il obſerve très-judicieuſement que les fils ou petit-fils des Employés ſont en général peu propres aux profeſſions pénibles de la ſociété. Des gens dont les aieuls ont endoſſé l'épée, & paſſé leur vie à ſe promener au tour d'une Ville ou d'une Porte, contractent un dégout naturel pour le travail, dont pour l'ordinaire les enfans héritent.

Pour prouver cette vérité, Mandrin produit plusieurs lettres, qui lui furent adressées lors de la création de ses Troupes; & pour l'intelligence de ces lettres, il avertit qu'il ne recevoit aucun soldat, sans être auparavant informé des raisons qui le portoient à demander du service sous ses ordres (1).

Le déplacement continuel des Commis dans les Fermes, forme une source inépuisable de contrebandiers. Chaque Fermier Général a ses créatures particulieres à placer aux dépens de celles qui sont placées; ce qui remplit continuellement l'Etat de gens sans profession. Le département des Employés a toujours été du district des filles publiques; & comme le goût pour ces créatures varie continuellement, l'instabilité des Employés des Fermes, augmente à l'infini (2).

La désolation & la misere, répandues

---

(1) Voyez ces Lettres à la note premiere.

(2) Lettres formant la note seconde.

dans les Provinces par les ſommes exorbitantes que les Fermiers en retirent, ſont encore une cauſe qui augmente le nombre des contrebandiers.

Un des plus grands inconvéniens des Fermes eſt, ſans contredit, celui d'avoir jetté toutes les richeſſes de l'Etat d'un ſeul côté, ce qui a mis l'indigence dans tout le Royaume.

Les Fermiers ont eux ſeuls plus d'or & d'argent, que n'en ont enſemble tous les autres particuliers de la France! Parce qu'une centaine d'individus, ſous la dénomination de Fermiers Généraux, Régiſſeurs & Adminiſtrateurs des Domaines, ont les Fermes de l'Etat; plus de quatre cent mille ménages ne peuvent pas ſubſiſter! Parce qu'un millier de Maltôtiers regorge des choſes ſuperflues; des millions de ſujets manquent de choſes néceſſaires! Toutes les richeſſes de l'Etat vont ſe perdre dans leurs coffres. On compte les Fermiers par le nombre de leurs millions. Leurs principaux Employés en ont bientôt amaſſé par leurs malverſations, & deviennent Fermiers à leur tour.

Les derniers des ſubordonnés ſavent que le ſeul moyen d'être remarqués de leurs ſupérieurs, & d'obtenir leur avancement, c'eſt de preſſurer le peuple ſans miſéricorde. Depuis le premier juſqu'au dernier ſuppôt de la Ferme, tout pille, tout devient opulent; & c'eſt l'Etat en corps, qui contribue à les enrichir. Qu'en réſulte-t-il? Les malheureux, qu'ils ont impitoyablement dépouillés, ſont réduits au déſeſpoir; & n'ayant pas d'autre moyen de ſubſiſter, ils deviennent contrebandiers pour vivre (1).

Le luxe, que la mauvaiſe économie des richeſſes, ſuite néceſſaire du ſyſteme des Fermes, a occaſionné en France, eſt une autre ſource de contrebandiers. Une claſſe d'hommes, qui nage dans un océan de richeſſes, excite naturellement les autres à lui fournir le moyen de les diſſiper. De-là ces arts de ſuperfluité; ces profeſſions, qu'un certain goût n'a pas plutôt formé, qu'un autre les détruit. Tantôt des modes extrê-

(1) Voyez à la troiſième notte les lettres qui juſtifient cette vérité.

mement combinées, occupent un grand nombre de ſujets : ſouvent d'autres plus ſimples, qui leur ſuccedent, croiſent les bras à une quantité prodigieuſe d'artiſans. Que peuvent alors devenir tant d'hommes réduits à la miſere ? Ils choiſiſſent la profeſſion qui peut leur donner du pain, quelque danger qu'ils y trouvent.

L'antipathie naturelle, qu'on a contre les maltôtiers, groſſit encore conſidérablement le nombre des contrebandiers. La fortune des Fermiers choque tout le monde. Cette haine eſt d'une conſéquence infinie pour l'Etat : elle peut, ſuivant les circonſtances, contribuer à renverſer la Monarchie. Mandrin fait l'aveu qu'il éprouva des douceurs dans ſon emploi de Capitaine Général, qui lui ont perſuadé que le Peuple avoit le cœur ulcéré contre tout ce qui avoit quelques relations avec les Fermes ; & qu'il eût été cent fois arrêté, ſans les avis, qui lui furent donnés. (1)

(1) Ce fait eſt conſtaté par les lettres de la note quatrième.

On ne s'eſt pas contenté de lui donner des avis : on lui a ſouvent offert & fourni des ſecours. (1)

La plupart des commis lui ont eux-mêmes procuré les moyens de leur enlever leur caiſſe. (2)

Il eſt donc évident que la contrebande, & les maux affreux, qui en ſont la ſuite, n'a d'autre cauſe que le barbare ſyſtême des Fermes Générales.

Si l'on ne change entierement cette partie de l'adminiſtration Françoiſe, cette belle Monarchie ſera toujours en danger. Quelque remède qu'on apporte aux maux préſens, ſi la Ferme Générale ſubſiſte, on ne fera que pallier le mal ; & bientôt la France ſe retrouvera dans la même criſe de détreſſe qu'elle éprouve aujourd'hui (3). Il faut donc proſcrire à jamais ce ſyſtême odieux, puiſ-

---

(1) Juſtifié par les lettres de la note cinquième.

(2) Pluſieurs lettres, ſous la note ſixième prouvent ce fait.

(3) A quoi ſervit à Louis XIV la recherche

qu'il eſt prouvé que c'eſt lui qui affoiblit le Gouvernement politique, en arretant les progrés de l'agriculture. On ne ſauroit trop le répéter : l'Etat qui a trop d'employés, n'a pas aſſez de laboureurs.

Six ans de guerre réduiſent toujours la France à la famine. Elle eſt obligée alors de recevoir la loi de ceux, à qui elle devroit la faire.

On crie beaucoup contre les Fermiers Généraux. Ils ne ſont cependant que les inſtrumens du déſordre. Le mal eſt dans le bail en lui-même, & dans le haut prix auquel il eſt porté. La plupart des combinateurs des intérêts publics préférent la régie. Mais ont-ils bien approfondi cette matiere? Si les mêmes impôts donnés à bail étoient

---

des Financiers ? Il leur impoſa des taxes énormes, pour leur faire reſtituer ce qu'ils avoient volé. Cette opération lui produiſit une immenſe quantité d'argent. Mais il ne ſe procura qu'une reſſource du moment. Il laiſſa ſubſiſter le mal, qu'il auroit fallu détruire, au lieu de ſe borner à rançonner ceux qui en avoient profité. Les Fermiers ont con-

perçus par des régiſſeurs, ceux-ci feroient néceſſairement leur recette, comme la font les Fermiers Généraux. Elle ſeroit auſſi coûteuſe & auſſi onéreuſe aux peuples, qui ſeroient pillés & ruinés par des régiſſeurs, aulieu de l'être par des Fermiers. Le mal ſeroit toujours le même.

Pour jetter les fondemens de la grandeur de la France, il faudroit commencer par la remettre dans la même poſition où elle étoit avant le ſyſteme des Fermes; c'eſt-à-dire éteindre une partie des impôts, dont le contrat n'a été que le prétexte.

Pour remettre les ſujets en haleine, & les porter au travail, il faut d'abord les laiſſer reſpirer. Depuis un ſiècle, ils ſont accablés ſous le poids de leur miſere. L'augmentation continuelle du bail des Fermes, en retirant tout l'argent de la Nation, a jetté la conſternation par-tout. L'Etat porte en quelque ſorte le deuil de ce ſyſtême dé-

---

tinués à s'engraiſſer dans le vaſte champ du Royaume, dont ils ont dévoré la ſubſtance ſaſtreux. Tout le monde gémit, tout le monde eſt accablé ſous le poids des taxes; excepté les Financiers, & ceux qui ont profité de la miſére publique, & des reſſources funeſtes auxquelles le Gouvernement étoit forcé d'avoir recours dans ſes beſoins, pour s'enrichir de notre détreſſe, & partager les triſtes reſtes de notre dépouille.

La ſuppreſſion de la Gabelle, la diminution des droits d'entrée, du tabac, &c., en laiſſant plus d'argent dans les Provinces, rendroient l'agriculture plus floriſſante, & le peuple plus induſtrieux. Il ſe formeroit de nouvelles valeurs, qui produiroient des richeſſes réelles à l'Etat.

Si le bail des Fermes, au lieu d'être ſucceſſivement plus que doublé depuis moins de trente ans, avoit été diminué, une infinité de ſujets, dont l'emploi eſt relatif aux fermes, auroit tourné ſes vues du côté de l'économie ou du commerce: car c'eſt ſur le prix des Fermes qu'eſt toujours combiné le nombre d'employés. Il augmente ou diminue, ſuivant l'augmentation ou la diminution du bail. A chaque diminution de dix millions ſur les Fermes, l'Etat auroit gagné une valeur de plus de cinquante millions ; ce qui auroit rendu le Monarque de France, le plus riche potentat de l'Europe.

L'unique maxime pour rendre un Souverain opulent, c'eſt que le peuple le ſoit. La richeſſe du Prince n'a d'autre fondement que celle de ſes peuples ; & lorſqu'il ſe gliſſe un vice dans l'adminiſtration qui les appauvrit, comme les Fermes Générales, il faut néceſſairement à la fin, que leur ruine entraîne la ſienne. Au contraire, un Roi qui a des ſujets riches, eſt toujours puiſſant. Les taxes ne coûtent rien au peuple, il s'y prête toujours volontiers, lorſque ſes richeſſes prennent leur ſource dans les ſyſtêmes du Gouvernement.

Il n'y a point de peuple ſur la terre plus chargé d'impôts, que celui d'Angleterre ; & il n'y en a pas en même-temps qui les ſente moins, parce que l'Etat lui donne toujours plus qu'il ne lui ôte.

Il faut que les richeſſes, avant d'entrer

dans le trésor du Prince, ayent contribué elles-mêmes à enrichir les peuples. Voilà le premier de tous les systêmes de Finance.

Une administration qui tend à diminuer la classe la plus utile, celle des agriculteurs, qui contribue à augmenter le nombre des professions inutiles, qui fait verser tout l'argent de l'Etat, dans les mains seulement de ceux qui le pillent, qui fomente le luxe, &c. doit, en détruisant les fortunes des particuliers, renverser, avec le tems, celle du Souverain.

Combien de millions sortent tous les ans du Royaume? Ils passent chez les Etrangers, qui profitent du désordre de l'administration françoise, pour s'enrichir aux dépens de cette Monarchie (1). Comme

(1) Les millions que la Ferme-Générale paye aux Hollandois, pour le tabac qu'ils lui fournissent. Ce même argent venant de la France, que ces mêmes Hollandois, pour aggraver nos maux, nous ont prêté dans notre misère, & dont nous leur

cet argent ne rentre plus, il forme un vuide réel dans l'Etat. Ce vuide n'eſt que trop ſenſible aujourd'hui : le peuple eſt écraſé ; le Souverain eſt ruiné, & forcé d'avoir encore recours à ſon peuple, pour payer les dettes qu'il a contractées.

Comment ſe peut-il que, juſquici, ces grandes vérités n'ayent pas été ſenties? Un plan qui auroit préſenté une diminution apparente dans les revenus du Roi, quoique

---

payons toutes les années l'intérêt. Les millions, que la Compagnie des Indes porte à grands frais au fond de l'Aſie ; les marchandiſes de luxe que cette Compagnie nous rapporte, que nous payons bien cher, & dont le prix retourne encore aux grandes Indes, pour ſe convertir de nouveau en marchandiſes, que nous échangeons ſans ceſſe contre notre or, qui ne revient plus. Tous les millions que l'Angleterre, par une ſuite du funeſte Traité de Commerce, a enlevés de la France, dont elle a fait tomber les Manufactures. Faut-il encore parler des millions qu'a ravi à la France le jeu perfide de l'agiotage? Une petite République, notre voiſine, a accumulé dans ſon ſein des richeſſes innombrables, produit de ce jeu infernal, dont ſes habitans ſembloient ſeuls avoir le ſecret.

plus avantageux aux peuples, & par conséquent au Souverain, auroit été constamment rejetté par le ministere. On n'a goûté, on n'a accueilli que les projets qui tendoient à augmenter les revenus du Monarque, même aux dépens de ses sujets.

Mais enfin le moment est venu, où l'excès de nos maux nous oblige d'en rechercher la cause : la Nation assemblée pour les réparer, les connoîtra mieux que des Ministres déplacés rapidement par la même intrigue, qui les avoit mis en place. Les représentans de la Nation, sur laquelle les Fermiers Généraux étendent depuis trop long-temps leur main destructive, sont témoins de notre misere qu'ils partagent, & ne peuvent pas en méconnoître l'origine : c'est le bail des Fermes ; on croit l'avoir prouvé.

Ce systême arrête les progrès de la population : il est un des plus grands obstacles à l'économie des richesses, dont il dépouille les citoyens, pour en combler les publicains, dont il porte une forte partie dans l'Etranger, & dont il detruit la premiere source, l'agriculture. Ce systême diminue l'autorité du Prince, pour la donner à des hommes avides de la fortune, de la liberté, du sang du peuple: il a extorqué au souverain des loix cruelles, des tribunaux sanguinaires; où les juges sont en même tems parties: il a changé le génie de la Nation: il a rendu féroces & rébelles une multitude de sujets, qu'il a réduits à la plus affreuse misere: il a renversé la constitution de la monarchie: il finiroit bientôt par anéantir l'État: il faut donc nécessairement se presser de l'anéantir lui-même.

Trop heureux les traitans, qu'on ne suive pas aujourdhui l'exemple de Louis XIV, & qu'on leur laisse le produit de leurs rapines. Trop heureux encore, que la Nation, qu'ils ont ruinée, & qui doit les juger à son tour, ne leur demande pas compte des malheureux peres de famille, qu'ils ont arrachés de leurs foyers, pour leur faire traîner la chaîne de l'esclavage destinée aux malfaiteurs, ni de tout le ſang; que leurs juges, impitoyables comme eux, ont fait couler par leurs Ordres ſur les écha-faudſ.

FIN.

NOTES.

NOTE I, page 34.

LETTRE PREMIERE.

MONSIEUR,

JACQUES N. de la Ville de M. mon grand pere, quitta de labourer un petit Domaine, pour se faire Garde de Tabac. Il eût dix enfans, dont un seul hérita de son emploi : les neuf autres s'adonnerent à la contrebande. Mon pere, qui fut pendu à Valence, pour avoir suivi la profession de ses freres, ne m'en laissa pourtant point d'autre à suivre. Je l'ai exercée pendant dix ans, très-honorablement, & avec beaucoup de courage : j'ai tué, de ma main, neuf Gardes de Tabac, j'ai fait contribuer six Directeurs des Fermes ; & j'ai dépouillé dix-huit Commis. Après cela, Monsieur, je crois que vous me croirez capable de remplir la place de Brigadier Honoraire, que je demande dans vos troupes. Je suis, &c.

LETTRE

LETTRE SECONDE.

Monſieur ,

Je labourois une petite terre ſur les frontieres du Dauphiné, qui me produiſoit tous les ans environ dix émines de froment , lorſque le Seigneur de notre Village , qui ſe tient depuis long-tems à Paris, & qui avoit aſſiſté à mes nôces, lorſque j'épouſas une jolie Payſanne, que la calomnie, ou peut-être ſeulement la médiſance diſoit qu'il avoit épouſé avant moi *in naturalibus* , me fit obtenir une brigade. Je quittai donc mon champ , pour endoſſer l'épée.

Mais les malhonnêtes gens , M. Mandrin , que ſont ces Employés ! Il n'y a point de friponnerie dont cette canaille ne ſoit capable. Ne pouvant point vivre avec des gens ſi corrompus , & n'ayant plus de goût pour labourer la terre , je vous demande une place de Maître dans vos troupes légeres.

J'ai tous les moyens néceſſaires pour devenir un fameux Contrebandier. Je n'ai pas encore tué perſonne : mais j'ai de quoi tuer la moitié des Fermiers. Mes armes de guerre ſont quatorze fuſils à deux coups, ſix carabines , vingt piſtolets , & cinquante bayonnettes : avec cela , je tire ſi bien , que je me flatte de tuer un Commis des Fermes à huit cens pas de moi , &c. Je ſuis ,

LETTRE TROISIEME

Monsieur le Général,

Je sors des galeres, où j'ai resté pendant dix ans, pour la contrebande. Ce tems expiré, ceux qui vinrent me délivrer, me dirent que les Fermiers-Généraux me pardonnoient. En même-tems ils m'avertirent charitablement d'abandonner ce dangereux métier, & de me remettre à l'agriculture, qui avoit été la profession de mes ancêtres. Mais croyez-vous, M. le Général, qu'un homme qui a vogué pendant dix ans sur la mer, ait les bras bien bons pour labourer la terre.

Pour moi, je ne me trouve assez de force que pour remplir l'emploi de Contrebandier. Je vous prie donc de m'honorer d'un de vos brevets.

LETTRE QUATRIEME.

Monsieur,

Faites-moi la grace de me dire en réponse si je ferai rompu, ou seulement pendu, étant trouvé, les armes à la main, à vendre du tabac. Comme depuis cinquante ans que nous avons abandonné l'agriculture, nous n'avons de pere en fils, dans notre famille, d'autre moyen pour vivre, que la contrebande, une explication la-dessus m'est très-nécessaire : car s'il est question de la roue, je me rendrai à la tête de vos troupes, où, en furieux, les armes à la main, ón me verra égorger autant de soldats militaires qu'il s'en présentera. Je suis, &c.

NOTE II, page 34.

LETTRE PREMIERE.

MONSIEUR;

AVANT que de vous demander de l'emploi dans vos troupes, il est bon que je vous dise ce qui fait que je brigue l'honneur de devenir un de vos soldats.

J'étois Garde de Tabac aux environs de Paris, emploi que j'exerçois depuis vingt ans, avec tout l'honneur & la probité de ceux de mes pareils, lorsqu'une petite toupie de la rue St. Honoré demanda mon emploi au Fermier de ce département, pour un Valet-de-pied de sa connoissance, qui le lui accorda. Ainsi peu de jours après je vis arriver M. *la Violette*, qui vint prendre possession de mon emploi; & je me trouvai par-là vis-à-vis de rien.

Me faire voleur de grand chemin, ce n'est gueres

honorable. *Item*, cependant, il faut vivre. Je vous demande de l'emploi dans vos troupes légeres. Je suis, &c.

LETTRE SECONDE.

Monsieur le Général des Contrebandiers,

J'avois la plus jolie sœur de tout Paris. Vous devez donc bien juger que je ne manquai pas d'avoir un bon emploi dans les Fermes. Ma sœur se déshonora avec un Fermier-Général, pour m'honorer d'un emploi de Contrôleur de Tabac dans une ville de Province. Mais hélas ! elle eut dernierement la petite vérole ; & mon emploi vient de m'être ôté pour le frere d'une sœur, qui ne l'a pas eue encore.

Je pars incessamment pour le Dauphiné, pour aller remplir l'emploi que vous voudrez bien me donner dans votre troupe. Quel qu'il soit, je l'accepterai avec plaisir, pourvu qu'il me mette à même de me venger de cette engeance des Fermiers. Je suis, &c.

LETTRE TROISIEME.

Monsieur,

J'ai appris que vous ne receviez personne dans

votre corps de troupes, sans avoir su au préalable la raison qui fait qu'on a résolu de devenir un de vos soldats. Voici donc mon histoire. Mon pere, sauf votre respect, étoit un fiacre de Paris, N8. 29. J'étois si joli garçon que la *le Duc*, qui aimoit les beaux minois, après m'avoir gardé quelques années chez elle, me fit avoir un emploi de Garde de Tabac. Mais la *Petitpas* qui vouloit m'avoir, & chez qui je ne voulus pas aller, me fit révoquer. La *Cartou* me fit replacer. Quelques années après, la *Saint-Germain* me fit perdre mon poste. Peu de tems après, la *Devau* me le fit ravoir.

Cependant la *Dasnoncourt* m'aimoit : elle étoit piquée au vif de ce que je ne l'aimois pas. C'étoit une petite créature qui n'avoit pas trois onces de chair sur son corps. Pour se venger, elle me fit chasser de mon emploi. La *Fauconnier*, l'ainée, me le fit rendre ; la *Fauchis* me le fit ôter ; la *Joli de Guigne* me remit en commission. L'impudique *Sauvage* fut cause qu'on m'en priva ; la *Victoire* fit qu'on me le rendit ; l'*Amédée* fit qu'on me l'ôta la *Belnau* la cadette, par le moyen de la *Florence*, me le fit encore rendre. Enfin je fis comme cela la navette pendant plusieurs années. Mais lorsque mes protections furent des toupies d'un ordre plus distingué, je jouai un plus grand rôle ; mais toujours incertain : Mademoiselle *Mets* de l'Opéra me fit avoir un contrôle ; mais la *Coraline*, de qui j'avois dit que le Prince de M..... n'en avoit pas eu les gants, me le fit ôter. La *Duval Conſtitution* ſe mêla de me le faire rendre. Elle y échoua. La *Dupont* n'y réuſſit pas mieux : mais la *Gogo* de l'Opéra comique l'emporta. Je ne demeurai pas longtems en charge. La fureur qu'ont les employés de parler des filles de théâtre eſt preſque toujours la cauſe de leur ruine. On oublie, pour l'ordinaire, que ces créatures gouvernent les Fermiers, comme les Fermiers gouvernent l'Etat. Je n'eus pas plutôt dit, dans le parterre de l'Opéra, que la *Lyonnois* n'avoit point de bras, que je fus révoqué le lendemain. Mais la petite *Puvinier*, qui entend toujours dire avec plaiſir qu'il n'y a perſonne qu'elle à l'Opéra qui danſe bien, ſe chargea de me faire rendre mon emploi, & y réuſſit. Mais je viens de le perdre irrévocablement pour avoir déplu à une petite créature, qui a pris un ſi grand aſcendant ſur les Maltôtiers, qu'elle conduit entièrement l'Hôtel-Général des Fermes. Ainſi n'ayant plus d'eſpérance d'être remplacé, & n'ayant pas de quoi ſubſiſter, j'ai réſolu de prendre parti dans vos troupes, & je ſuis, &c.

NOTE III, page 36.

LETTRE PREMIERE.

MONSIEUR,

JE ſuis d'un petit Village du Dauphiné à deux lieues de Guilieſtre, mais ſi pauvre & ſi dépourvu d'argent que dans toute la Communauté, qui eſt de 1500 Habitans, il n'y a actuellement que ſix cens liv. en pieces de deux hards ; laquelle ſomme, repartie en portions égales, fait huit ſols & quelques deniers pour chaque Citoyen.

Le Curé a un double louis d'or, que tout le voiſinage vient voir le dimanche par curioſité. C'eſt en effet une piece unique à douze lieues à la ronde. Le Seigneur a douze gros écus de ſix francs, qu'il conſerve avec autant de ſoin que les curieux en prennent à Paris, pour conſerver les douze médailles des Empereurs Romains.

Cependant les terres ſont en friche, & les champs ne produiſent rien, parce qu'aucun des Habitans n'a les moyens d'avoir ni les outils, ni les beſtiaux néceſſaires pour le labourage.

A ce portrait, il n'eſt pas difficile de deviner le parti qu'il nous reſte à prendre. Vous n'avez qu'à vous préſenter avec votre troupe, & tout le Village ſe fera Contrebandier par délibération.

LETTRE SECONDE.

Monſieur,

Pendant les ſix regnes, qui avoient précédé celui de Louis XIV, la petite ville où je ſuis né, dans une Province de France, jouiſſoit d'un capital en especes de dix sept cent mille livres ; ce qui avoit suffi jusqu'alors à soutenir son Commerce & son Agriculture, & par conséquent à rendre riches & heureux ses Habitans. Mais depuis l'augmentation des Droits de Douane, celui du tabac, & l'établissement ruineux des Bureaux, la somme de nos richesses s'est insensiblement fondue, de façon que les trois quarts des Habitans n'ont plus les moyens de faire valoir leur bien, ce qui a reduit toute la Communauté à la misere.

Le compte est bien clair. Depuis soixante ans les Receveurs du greniers à sel, de la douane & du tabac emportent annuellement une somme de vingt-six mille livres, ce qui en a fait une générale de quinze cent soixante mille livres, qui est sortie sans retour. Il ne nous reste donc qu'un capital de richesses de quarante mille francs, qui dans deux ans n'existera plus chez nous. Ainsi il y a toute apparence alors qu'il ne nous restera d'autre ressource que de prendre la profession que vous avez vous-même embrassée. En attendant que la Communauté se décide, je vous prie de me recevoir dans vos troupes. Je suis, &c.

LETTRE TROISIEME.

Monsieur le fameux Contrebandier,

J'ai une femme & huit enfans ; & je n'ai pas de quoi leur donner du pain. Quel parti me reste-t-il donc à prendre que celui de la contrebande ? M. le Curé, qui fut informé que c'étoit-là mon dessein, vint me trouver ces jours passés, pour me représenter que par-là j'allois filer ma corde · mais je le mis *à quia* par cette interrogation. Qu'aimeriez-vous mieux, M. le Curé, lui dis-je, être assuré de mourir de faim, ou risquer d'être pendu ? Il ne sut quoi me répondre. Je profite de son silence, pour vous demander un brevet dans vos troupes. Je suis, &c.

NOTE IV, page 37.

LETTRE PREMIERE.

MONSIEUR MANDRIN,

NE passez point par le chemin de B***ne. Il y a deux cens hommes de troupes réglées, qui y sont en embuscade. Au-dessous de la montagne est un sentier qui vous conduira en toute sûreté à L***ne, où nous avons appris que vous voulez aller. Si vous ne connoissez pas le local du pays, & que vous ayez besoin de guides, faites-nous le savoir & notre Communauté vous en enverra quatre. Je suis, &c.

LETTRE SECONDE.

Monsieur,

A côté de la petite vallée de M***ne, il y a un bois, qui a deux lieues de long sur une de large. Cet endroit pourroit d'autant mieux vous servir d'asyle contre les troupes réglées, que pas un seul Commandant n'en connoît l'entrée ni l'issue, & qu'aucun Habitant du pays ne leur servira de guide. Mais en cas de trahison, il y a un retranchement naturel au milieu du bois, où vous serez plus sûr que dans la plus forte citadelle du monde : tous les Régimens de France y périroient les uns après les autres. Dans une affaire réglée, vous joueriez là le même rôle que le Général du Roi de Sardaigne joua au col de l'Assiette. Je suis, &c.

LETTRE TROISIEME.

Monsieur Mandrin,

Méfiez-vous du Régiment de la Morliere. Il y a dans ce Corps un Officier qui a le nez bon : il fleure un Contrebandier à deux lieues de loin. Ce n'est point qu'il ne haïsse les Fermiers-Généraux ; il les voudroit voir tous pendus. Mais il aime leur argent : c'est toujours la somme qui le décide. Si elle est un peu grosse, c'est un César. Aucun péril alors ne le retient. Pour une gratification il iroit arrêter son pere. Je suis, &c.

NOTE V, page 38.

LETTRE PREMIERE.

MONSIEUR LE GÉNÉRAL,

SI vous avez besoin de munitions de guerre & de bouche, nous sommes prêts à vous en fournir. Vous pouvez compter sur notre Communauté pour quatre cens fusils, deux barrils de poudre, trois quintaux de balles, six cens rations de pain, cinquante sacs de farine & cent d'avoine. Je suis, &c.

LETTRE SECONDE.

En cas que vous ayez besoin, mon cher Mandrin, de faire quelque siege, je vous offre dix pieces de gros canons, qui sont dans mon Château à Mont...n

NOTE VI, page 38.

LETTRE PREMIERE.

MONSIEUR,

J'AI une recette à L***ne, qui n'est qu'à deux lieues de l'endroit où vous vous trouvez. Vous pouvez venir prendre ma caiſſe quand il vous plaira, à condition que vous m'en laiſſerez un tiers. Il faudra pour la forme, que vous meniez cinquante hommes avec vous. Je ſuis, &c.

LETTRE SECONDE.

Monſieur Mandrin,

Je pars après demain pour porter à Montpellier l'argent de ma recette. Je vous prie de vouloir bien me faire la grace de venir me l'enlever. Je n'aurai qu'une Brigade de dix gardes : réglez-vous là deſſus. Je ſouhaiterois que vous fuſſiez vous-même à la tête de cette expédition, & que, pour ma décharge, elle ſe paſſât en préſence du petit village de L . . . où on a déjà voulu une fois me tuer : imaginez-vous ſi on me prêtera du ſecours ; j'y ſerai entre neuf à dix. A l'égard des conventions, j'ai déja tout réglé. Portez un reçu de cinquante mille francs ; pour une ſomme de vingt mille que je vous remettrai. Je ſuis, &c.

LETTRE TROISIEME.

Monſieur,

Je jouis d'une recette, d'où je ſuis prêt à être révoqué par MM. les Fermiers-Généraux, pour quelques fautes d'arithmétique, qui se sont trouvées dans mes comptes. Et ne trouvez-vous pas cela admirable, Monsieur Mandrin, que ces gens-là ayent la manie de vouloir voler l'Etat à l'exclusion de tous les autres sujets du Royaume? Pour moi, j'ai aussi bon appetit qu'eux. S'ils aiment l'argent, je ne le hais pas. Enfin pour venir au fait, je vous attends pour enlever la moitié de ma caisse; car à l'égard de l'autre, je l'ai enlevée moi-même. Je suis, &c.

P. S. On dira peut-être que je suis entraîné par le goût du siécle, qui est un siécle de destruction; & qu'il est bien aisé de proposer la suppression des Fermes-Royales; mais qu'il faudroit, en même-tems, donner un moyen moins onéreux de procurer à l'Etat le même revenu.

La Nation assemblée aura bientôt trouvé le moyen de rendre la France heureuse, riche & puissante, si elle ne laisse pas échapper l'occasion précieuse de lui rendre sa liberte, & d'affermir sa constitution sur des bases inébranlables. Le vœu de tous les Bailliages est unanime; & s'il est rempli, la France passera bientôt de l'état le plus misérable à la position la plus brillante. La concorde paroît rétablie entre tous les Ordres; & tous semblent disposés à contribuer également aux charges publiques.

Mais qu'il me soit permis, comme Citoyen, de faire une observation aux Députés, qui représentent aujourd'hui l'intégralité de la Nation. Le Gouvernement leur proposera, sans doute, de commencer leurs opérations par la consolidation & l'acquittement de la dette Royale. S'ils cèdent, tout est perdu ; la France va se trouver replongée dans un abîme de maux. Bientôt la misère réduira les Citoyens au désespoir ; & quelles suites affreuses n'en doit-on pas craindre ! Mais si, fidèles à la Patrie, les Députés suivent le vœu de leurs Concitoyens ; s'ils exigent, pour préliminaire de leurs opérations, une constitution fixe & immuable, qui assure la liberté de tous les Citoyens, & les droits sacrés & imprescriptibles de la Nation ; alors la France est sauvée ; alors il devient juste de se charger des dettes qu'on a fait contracter au Roi, de les rendre dettes nationales, & de les acquitter.

FIN.

www.ingramcontent.com/pod-product-compliance
Lightning Source LLC
LaVergne TN
LVHW010035230826
846091LV00005B/1719

* 9 7 8 2 0 1 2 8 7 8 1 1 2 *